Lk 7 2666

HISTOIRE
MILITAIRE ET NAVALE
D'ÉTAPLES,

DEPUIS 1800 JUSQU'A 1806,

PAR **G. SOUQUET**,

Membre de la Commission des Antiquités départementales du Pas-de-Calais,
de la Société des Antiquaires de la Morinie, &c.

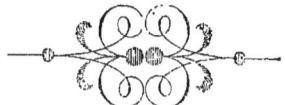

MONTREUIL,
IMPRIMERIE DE DUVAL, RUE DES BARBIERS, 14.

1856.

HISTOIRE
MILITAIRE ET NAVALE D'ÉTAPLES
DEPUIS 1800 JUSQU'A 1806.

La ville d'Etaples, située à l'embouchure de la Canche, dans un terrain plat et aride, n'avait en 1800 d'autres ressources que la pêche, la salaison du poisson et le raffinage du sel.

Le port de cette petite ville, peu considérable par lui-même, était encombré de sable qui nuisait beaucoup à sa navigation. Une baie, située au sud, à 22 kilomètres de distance directe de Boulogne, faisait du nord-ouest au sud-ouest, depuis son embouchure jusqu'à Etaples, un enfoncement d'environ 6,430 mètres. On n'y trouvait plus, dans les grandes marées, que de 3 m. 57 c. jusqu'à 6 m. 50 c. de hauteur d'eau. Des bâtiments de 150 à 200 tonneaux pouvaient encore le fréquenter (1).

Étaples, si florissant sous les rois de la 3e dynastie, par son important commerce et ses foires (2) qui en faisaient l'entrepôt général de l'Artois, vit son commerce anéanti par la révolution de 1789. Cette ville perdit alors ses priviléges,

---

(1) *Annuaire du Pas-de-Calais de 1814.*
(2) Voyez sur *les Foires d'Etaples* : Thomas de Walsingham, Ducange et Dom Grenier.

ses franchises et ses immunités (1). Elle cessa de faire partie de la province du Boulonnais et fut incorporée dans l'arrondissement de Montreuil-sur-mer, en vertu de la loi du 28 pluviôse an VIII (17 février 1800). L'administration municipale reçut une nouvelle organisation : elle fut composée d'un maire, d'un adjoint et de dix conseillers municipaux.

La révolution française avait commencé et apporté avec elle toutes les horreurs dont nos pères furent les victimes. Etaples ne fut pas épargné, et le désordre vint y répandre la terreur parmi les gens de bien dont le seul crime était d'être dévoués au trône et à l'autel. On poussa même l'ingratitude jusqu'à mettre en arrestation un homme dont la bourse était sans cesse ouverte aux malheureux, dans le but de s'emparer de ses richesses. Son nom est encore vénéré de nos jours, et l'on déplore amèrement l'injustice inexcusable commise à son égard : c'était M. Marteau.

Le pays, privé de son bienfaiteur, ne tarda pas à tomber dans la misère et la désolation. Le travail avait cessé partout, et la seule occupation était de s'approprier la fortune de ses voisins en les dénonçant comme suspects. D'ailleurs la patrie appelait à son secours tous les jeunes gens en état de porter les armes et enlevait ainsi aux pauvres familles ceux mêmes qui leur servaient de soutiens. La détresse régnait toujours, et, loin de diminuer, elle ne faisait qu'augmenter.

Tel était l'état des choses quand Bonaparte parut : on le crut envoyé de Dieu pour mettre fin à l'oppression et établir un gouvernement plus durable, plus régulier et surtout moins tyrannique; aussi Etaples accueillit-il avec enthousiasme la constitution de l'an VIII, qui nommait Consuls Napoléon Bonaparte, Cambacérès et Lebrun, dans l'espoir qu'une nouvelle administration le relèverait de l'état d'anéantissement dans lequel il se trouvait et lui rendrait son ancienne splendeur.

La guerre avec l'Angleterre venait d'éclater. Les vaisseaux

(1) Voyez la *Notice sur l'Echevinage et le Bailliage* que nous venons de publier.

anglais stationnaient devant le port de Boulogne et vis-à-vis de la baie d'Etaples, et causaient un grand préjudice aux pêcheurs qui ne pouvaient plus exercer leur industrie en pleine mer sans s'exposer à être faits prisonniers par les croisières ennemies.

Le gouvernement s'occupait sans relâche de l'armement de Boulogne; mais on n'avait pas encore eu le temps de mettre les côtes du littoral en état de défense.

Vers la fin de thermidor an IX (août 1801), un navire américain, s'étant mis à la côte entre le corps de garde de Cucq et le phare du Touquet, sa cargaison, composée de brai et de goudron, fut déposée sur la plage. Les Anglais en eurent connaissance, ils effectuèrent un débarquement de cent hommes pendant la nuit et y mirent le feu (1).

Pour prévenir le retour de semblables faits, des batteries furent établies à l'embouchure de la Canche, l'une à la pointe de Lornel, l'autre à celle du Touquet et une troisième au Gris-Pays. Elles furent desservies par une compagnie du 3e bataillon de la 96e demi-brigade d'infanterie, en cantonnement à Etaples, et par la garde nationale sédentaire du canton (2).

Ces batteries avaient un double but: elles protégeaient l'arrivée dans le port de Boulogne des bâtiments qui s'y rendaient pour faire partie de la flottille, et défendaient l'entrée de la baie de Canche qui offrait un refuge aux bâtiments poursuivis par l'ennemi.

Le 18 fructidor an IX (5 septembre 1801), un convoi de seize bâtiments, sorti de Dieppe pour se rendre à Boulogne, est attaqué, à l'embouchure de la Canche, par l'escadre anglaise. La canonnière l'*Enflammée* qui l'escortait est percée à l'eau et obligée d'échouer. Pour contraindre l'équipage de la canonnière à l'abandonner, l'Anglais continue son feu; puis il détache une péniche pour s'emparer de ce navire. On la laisse arriver. Alors le capitaine de la canonnière échouée,

(1) Bertrand. *Histoire de Boulogne*, tome 1, page 308.
(2) Registre aux arrêtés du conseil municipal d'Etaples.

soutenu par le feu de la batterie de Lornel, s'empare de la péniche et fait l'équipage anglais prisonnier (1).

La promulgation du sénatus-consulte du 14 thermidor an X (2 août 1802), qui proclamait Napoléon Bonaparte 1er Consul à vie, et du sénatus-consulte organique de la constitution du 16 thermidor an X (4 août 1802), fut célébrée à Etaples le 27 thermidor an X (15 août 1802), jour anniversaire de la naissance de Bonaparte, avec toute la solennité possible.

« Les autorités civiles et militaires, réunies à l'Hôtel-de-Ville, se rendirent à l'église, escortées par un détachement de trente hommes choisis dans la garde nationale. A l'issue des vêpres, le maire fit la proclamation des deux sénatus-consultes en présence de la population, et prononça un discours; le curé chanta ensuite un *Te Deum*, et le reste de la journée se passa en réjouissances publiques (2). »

M. Poitevin-Maissemy, préfet du département du Pas-de-Calais, ayant informé le maire d'Etaples qu'il se rendrait dans cette ville le premier jour complémentaire de l'an X (18 septembre 1802), « les maire et adjoint, les membres du conseil municipal et les autres fonctionnaires de la ville d'Etaples, accompagnés du commandant et d'une compagnie de la garde nationale, se sont mis en marche pour aller à la rencontre du Préfet, qui venait de Montreuil.

» A peine le cortège était-il arrivé vis-à-vis le château, qu'on aperçut ce magistrat à cheval, accompagné des sous-préfets de Montreuil, de Boulogne et de plusieurs autres fonctionnaires publics.

» L'air retentit aussitôt des cris répétés de : *Vive la République! Vive le 1er Consul! Vive M. le Préfet du département!* et autres acclamations de joie et d'allégresse.

» Le préfet descendit de cheval, donna l'accolade fraternelle au maire, à l'adjoint et à plusieurs membres du con-

---

(1) Henri. *Essai historique sur l'arrondissement de Boulogne*, page 326. — Bertrand, tome 1er, page 310.
(2) Registre aux arrêtés du conseil municipal d'Etaples.

seil municipal, salua amicalement la garde nationale, se plaça dans ses rangs et continua sa route à pied jusqu'à l'hôtel-de-ville.

» Le peuple se pressait sur son passage; et, à chaque pas, le préfet recevait le tribut de respect et d'amour qu'il avait inspiré à ses administrés.

» Après son entrée à l'hôtel-de-ville, le maire lui adressa le discours suivant :

« Citoyen Préfet,

» Cette ville n'offre assurément rien qui puisse fixer les
» regards d'un voyageur curieux de sites et de monuments;
» mais un ami du gouvernement ne la traverse pas sans inté-
» rêt : l'air de la liberté qu'on y respire, l'union qui règne
» parmi ses habitants et qui n'en compose qu'une famille de
» frères, la gaîté franche qui les caractérise, portent dans
» l'âme du républicain qui la parcourt ces impressions dou-
» ces et consolantes qu'il se plaît à nourrir et qu'il ne se
» rappelle jamais sans s'attendrir encore.

» Vous vous reposerez donc avec plaisir au milieu de nous,
» Citoyen Préfet.

» Toujours attachés au char de la révolution, ennemis des
» factions qui n'ont jamais osé souiller ce territoire de leur
» souffle impur et liberticide, nous soupirons ardemment
» après l'heureuse époque où le gouvernement, pour ne plus
» exposer la liberté, s'asseoirait enfin à côté de la sagesse.

» Le 18 brumaire et les institutions qui en sont nées ont
» réalisé notre espoir et comblé nos vœux. Nous y avons
» applaudi avec enthousiasme; nous avons béni le héros
» dont la tête et le bras avaient tout fait pour notre gloire
» et notre félicité; et nous n'avons écouté que notre recon-
» naissance lorsque naguère, confondant nos voix avec celles
» de tous les Français, nous l'avons appelé à présider tou-
» jours à nos destinées.

» Avec quel empressement et quels transports nous nous
» pressons donc en ce moment autour du premier magistrat

» de ce département, que son zèle prudent et éclairé rend
» une si vive image du chef dont il est l'organe; de ce ma-
» gistrat, que son administration douce et sage nous avait
» déjà fait connaître comme un bon père qui veut rendre
» heureux tous ses enfants.

» Ce jour où, pour la première fois, nous avons l'avan-
» tage de vous exprimer de vive voix, Citoyen Préfet, et
» notre amour pour le gouvernement et notre attachement
» à votre personne, sera pour nous un des plus beaux jours
» de la vie.

» Au milieu des fonctionnaires publics, vous voyez, Ci-
» toyen Préfet, le curé de la paroisse qui vient aussi vous
» apporter son tribut de félicitations et de reconnaissance.
» La jouissance la plus douce, le besoin le plus pressant de
» son cœur est de porter chaque jour aux pieds des autels
» ses vœux et les nôtres pour la prospérité de la république
» et la conservation de ses magistrats. »

» Le préfet a répondu à ce discours par des assurances de son affection particulière pour les habitants d'Etaples, dont il connaissait le civisme et la pureté de principes. Il a ajouté que, persuadé que ce serait concourir à la prospérité de son département et particulièrement de cette ville, il s'occupait vivement de la réalisation du projet, conçu depuis plus d'un siècle, d'un canal de jonction de la Canche à la Scarpe.

» Le préfet, après s'être entretenu avec les fonctionnaires et les citoyens réunis de plusieurs objets d'utilité publique et particulière, et avoir témoigné sa satisfaction à la garde nationale et personnellement à son commandant, le préfet, toujours accompagné des fonctionnaires publics, est allé visiter les bords de la Canche et les hauteurs qui dominent la ville.

» Cependant des décharges de mousqueterie répétées pres-que sans interruption, continuaient d'annoncer la joie commune. Elles se sont prolongées jusqu'au départ du préfet, et le reste de la journée s'est passé en danses et autres réjouissances publiques.

» Les maire et adjoint ont rédigé le présent procès-verbal pour servir de monument à l'affection des habitants d'Etaples pour le gouvernement, son chef et ses agents.

» Au bureau de la mairie, les jour, mois et an que d'autre part.

» Prevost-Lebas » (1).

L'Angleterre, qui avait été forcée de cesser ses hostilités contre la France et de signer la paix d'Amiens, ne tarda pas à rompre ses engagements et à reprendre les armes.

Le 1er Consul entreprit de visiter les côtes du Nord pour prendre toutes les dispositions nécessaires à la grande expédition qui se préparait contre l'Angleterre.

La ville d'Etaples fut comprise dans son itinéraire.

La relation de son passage dans cette cité se trouve ainsi consignée dans le registre aux arrêtés de la municipalité :

« Informés par la lettre de M. le sous-préfet de Montreuil, en date du 2 messidor an XI (21 juin 1803), que dans son voyage, le 1er Consul devait passer dans cette commune, les maire et adjoint de la ville d'Etaples avaient fait à tous les habitants la proclamation dont la teneur suit, et qui fut publiée le 9 messidor an XI (28 juin 1803) :

« Il nous est aussi réservé le bonheur de posséder quel-
» ques instants dans nos murs le restaurateur de la liberté,
» le héros qui a sauvé la France! Dans le voyage qu'il n'en-
» treprend que pour la grande nation, dont le gouvernement
» lui est confié, et l'humiliation d'une puissance perfide et
» ennemie du repos de l'univers, le 1er Consul veut parcourir
» lui-même et connaître dans le plus grand détail les diffé-
» rentes contrées maritimes vers lesquelles se dirigent, en
» ce moment, ses bienveillantes et généreuses sollicitudes.

» Faisons donc éclater à son arrivée les sentiments de res-
» pect, d'admiration et d'amour que nous lui portons! Gardes-
» nationaux, tenez-vous prêts au premier signal, et présen-
» tez-vous en armes et dans la meilleure tenue possible pour

(1) Registre aux arrêtés du conseil municipal d'Etaples.

» l'honorer ! Que pas un citoyen ne reste dans l'intérieur de
» sa maison ! Que les vieillards même se traînent sur son
» passage et ne se refusent point la consolation de contem-
» pler le génie tutélaire de leur pays ! Mères de famille,
» faites-vous gloire de lui présenter vos enfants au berceau!
» et faites-leur bégayer son nom ! En un mot, que vos accla-
» mations unanimes reçoivent le 1er Consul à nos portes et
» le suivent encore lorsqu'il sera loin de nous ! C'est ainsi
» que nous lui prouverons que nous sommes fiers d'être
» Français, et dignes, autant qu'il est en nous, du héros qui
» préside à nos destinées. »

» Des ordres avaient été donnés pour l'enlèvement des boues, des décombres et de tout ce qui pouvait obstruer le passage dans les rues de la ville.

» Le général Moncey, arrivé à Etaples le 10 messidor an XI (29 juin 1803), vers 9 heures du matin, instruisit le maire que le 1er Consul devait en effet arriver dans la ville vers trois heures après midi, et qu'il s'y reposerait environ une demi-heure.

» Par suite de cette intéressante annonce, le maire fait réitérer à la garde nationale et à tous les citoyens les ordres et les invitations nécessaires.

» La garde des Consuls arrive vers dix heures du matin. Tous les habitants de la ville s'empressent de recevoir les militaires qui la composent et leur font l'accueil qu'un ami fait à son meilleur ami qu'il reçoit après une longue absence.

» Cependant les rues de la ville se tapissent de verdure. Un arc de triomphe s'élève à l'entrée de la commune, et au milieu de l'arc est suspendue une couronne civique portant cette inscription: *Au Sauveur de la Patrie !*

» On place un canon sur les hauteurs de la ferme d'Hilbert, à l'extrémité du territoire, près du chemin de Montreuil; et vers midi la garde nationale se réunit sur la place.

» A une heure, le ministre de la marine Decrès se présente. Il est reçu par les acclamations d'un peuple joyeux et enivré du bonheur qui lui était promis. Le ministre annonce que le 1er Consul doit arriver dans une heure. A cette nouvelle on donne le signal du départ. Le maire et l'adjoint, les membres du conseil municipal, le juge-de-paix, les officiers de la douane et les autres fonctionnaires publics, précédés de cent cinquante hommes de la garde nationale se mettent en marche pour attendre et recevoir le 1er Consul à l'entrée de la ville. Vers trois heures, le canon, placé à Hilbert, annonce la présence du 1er Consul.

» Aussitôt les fonctionnaires publics et les gardes nationaux se rangent en haie le long du chemin, et, à l'arrivée du 1er Consul, l'air retentit des cris, mille fois répétés, de : *Vive la République ! Vive Bonaparte ! Vive le Sauveur de la France !*

Ces acclamations accompagnèrent le 1er Consul jusqu'à l'hôtel préparé pour le recevoir (1). Là, le maire, tant en son nom qu'en celui de ses concitoyens, lui adressa le discours suivant :

« Général 1er Consul,

» Vous nous avez vus nous pressant autour de vous, heu-
» reux et fiers de pouvoir aujourd'hui contempler le premier
» objet de notre immortel amour, le héros qui a sauvé la France
» et que l'univers admire, l'ange tutélaire à qui la France
» doit ses triomphes et sa gloire, son commerce et ses arts,
» son culte et ses mœurs, des lois saintes, des institutions
» sublimes, et qui, pour ajouter encore à ses bienfaits et ven-
» ger l'Europe indignée des crimes d'un gouvernement per-
» fide, fera bientôt proclamer, sur les débris de la tour de
» Londres, l'éternelle liberté des mers et le repos du monde.

» Daignez agréer, Général 1er Consul, l'hommage des ha-
» bitants d'une petite ville qui s'enorgueillira toujours d'avoir
» possédé dans son enceinte le premier homme du premier
» peuple des deux siècles qu'auront illustrés son courage
» et son génie. »

(1) Maison de M. Souquet-Marteau, mon père, la même que j'habite aujourd'hui.

« Le 1er Consul a souri à l'idée de l'Angleterre, s'est entretenu quelques instants sur la situation de la baie et les ressources qu'elle peut offrir dans les circonstances actuelles. »

Une collation avait été préparée dans le salon attenant à celui où avait eu lieu la réception des autorités. Bonaparte, toujours sobre, remercia son hôte de sa prévoyante attention, et ne prit qu'un peu de café noir. La tasse dont il s'est servi a été religieusement conservée dans ma famille et fait aujourd'hui partie de mon cabinet d'antiquités.

« Le 1er Consul est ensuite monté à cheval pour continuer sa route le long des côtes.

» Les acclamations qui l'avaient accueilli à son entrée dans la ville l'ont accompagné et suivi longtemps après son départ; et le reste de la journée s'est passé en fêtes et en réjouissances publiques.

» Et ont les maire et adjoint rédigé le présent procès-verbal, pour laisser un monument de l'amour et de la reconnaissance des habitants de la ville pour l'auguste personne du 1er Consul.

» Prevost-Lebas » (1).

Le 1er Consul, après avoir visité la rade, s'est rendu à Boulogne en parcourant les différents points de la côte (2).

La rapide inspection qu'il fit de la ville et de la baie d'Etaples suffit pour convaincre ce génie vraiment extraordinaire, qu'Etaples, par sa position topographique, pouvait lui offrir de grandes ressources.

Après avoir choisi Boulogne comme centre principal des opérations militaires contre l'Angleterre, il ordonna que la baie d'Etaples fût mise en état de recevoir quatre cents navires de fond plat, destinés à embarquer l'aile droite de la flottille, et qu'un camp de vingt-quatre mille hommes fut établi à Montreuil, sous les ordres du général Ney (3).

(1) Registre aux arrêtés du conseil municipal d'Etaples.
(2) *Moniteur* du 15 messidor an XI (4 juillet 1803).
(3) Guérin. *Histoire maritime de la France*, tome VI, page 324.

Les camps qui se formèrent sur le territoire d'Etaples étaient désignés sous le nom de *Camp de Montreuil.*

Le colonel d'artillerie Taviel, chargé de l'armement des côtes, se rendit aussitôt à Etaples pour faire construire quatre batteries d'artillerie pour défendre l'entrée de la baie d'Etaples.

La première fut placée à Lornel, la deuxième vis-à-vis de Camiers, la troisième à la Passe, et la quatrième au Touquet.

Un arrêté de M. le sous-préfet de l'arrondissement de Montreuil, en date du 1er jour complémentaire de l'an XI (18 septembre 1803), rendu en vertu des ordres de M. l'ordonnateur du camp de Boulogne, prescrivit aux maires de mettre en réquisition toutes les voitures de leurs communes pour aller charger dans la forêt d'Hardelot tous les bois nécessaires à la construction des camps d'Étaples. Un dépôt considérable fut établi dans la grande pâture du Puits d'Amour, sous la garde d'un escadron de chasseurs à cheval (1).

Le 15 vendémiaire an XII (8 octobre 1803), le général de division Partouneaux écrivit la lettre suivante au maire de la ville d'Étaples :

« Suivant les ordres du ministre de la guerre, je dois me
» rendre très-incessamment, citoyen maire, à Montreuil
» pour commander le camp qui doit se former aux environs
» de cette commune et de celle que vous administrez. Ce
» camp sera d'abord composé de deux bataillons de la 6e
» demi-brigade d'infanterie légère, complétés chacun de 750
» hommes, officiers non compris, et de deux bataillons de la
» 69e demi-brigade, complétés chacun de 650 hommes. Je dois
» établir mon quartier-général à Étaples. Je vous prie de
» faire préparer le logement pour moi et mon état-major, et
» de prendre, en ce qui vous concerne, les dispositions né-
» cessaires pour que les troupes désignées ci-dessus puis-
» sent être baraquées aux campements que je jugerai con-

(1) Archives de la ville.

» venable de leur faire occuper, conformément aux intentions
» du gouvernement » (1).

Le général Partouneaux arriva en effet à Étaples le 20 vendémiaire an XII (13 octobre 1803), avec sa division qui planta sa tente aux Moulins.

Ces régiments sont bientôt suivis de la 9e brigade d'infanterie légère, d'une compagnie de gendarmerie, d'une compagnie du génie, d'artillerie et de canonniers gardes-côtes.

D'immenses parcs d'artillerie, de marine et du génie se forment sur le rivage.

La maison des héritiers Marteau est changée en arsenal maritime, celle de M. de Bergemont en hôpital militaire, celle de M. Lecat en cayenne, celles de MM. Prevost-Lebas, Leprince et Dacquin en manutentions, et l'église Notre-Dame-de-Foi en hôpital maritime. Une partie de l'église Saint-Michel est convertie en magasins de fourrages. Les fossés du vieux château en ruines se garnissent d'écuries pour la cavalerie. Des constructions de toutes espèces s'élèvent de tous côtés. A chaque instant des voitures, mises en réquisition, apportent l'approvisionnement de la ville et des camps. Des navires de transport, remplis de munitions, d'agrès et d'apparaux, abordent à la plage. La population de la ville est quintuplée, les généraux, les officiers supérieurs, les administrateurs sont logés en ville, jusque dans les plus petits cabinets (2).

Jamais on ne vit des préparatifs aussi imposants, réunis en un aussi court espace de temps.

Les camps se dressent tout autour de la ville (3). Des pieux se frappent sur les deux rives de la Canche pour y amarrer la flottille.

Le 10 frimaire an XII (2 décembre 1803), on commença la construction de la baraque du 1er Consul et de celle du géné-

(1) Archives de la ville.
(2) Archives de la ville. — Lettres de réquisitions.
(3) Bertrand. *Histoire de Boulogne*, tome 1er, page 336.

ral Ney, sous la direction du capitaine du génie Dufour (1).

Le 1ᵉʳ Consul, persuadé qu'il faut tout voir par soi-même, et que les agents les plus sûrs sont souvent inexacts dans leurs rapports par défaut d'attention ou d'intelligence, part de Saint-Cloud le 8 nivôse an XII (30 décembre 1803), à quatre heures du matin, et arrive inopinément le lendemain de bonne heure à Étaples (2).

Il descendit pour la seconde fois chez M. Souquet-Marteau, mon père, alors maire de la ville. Il était accompagné du ministre de la guerre Decrès et de l'amiral Bruix.

Après avoir pris quelques instants de repos, il visita la ville, les camps en construction, les batteries, les parcs, les arsenaux et les hôpitaux.

Comme on lui avait inspiré quelque doute sur la possibilité de faire sortir facilement du port d'Étaples une flottille, à cause des vents d'ouest et des courants, il voulut consulter les marins les plus expérimentés sur l'état de la baie, sur la direction des vents dominants, leur effet avec les courants des flots, ainsi que sur l'étendue et la nature des bancs qui se trouvent en pleine mer. Il donna l'ordre au maire de se rendre au phare de Lornel avec l'élite de la classe maritime.

Le sieur Margollé, patron de patache, était sans contredit l'homme le plus capable de résoudre toutes ces questions. Il fut en conséquence désigné au 1ᵉʳ Consul.

Une discussion sérieuse a lieu entre le ministre Decrès, l'amiral Bruix et le patron Margollé. Ce dernier soutient sa thèse avec succès et sans éprouver aucun embarras. Le 1ᵉʳ Consul, qui l'écoute avec attention, l'encourage en lui frappant sur l'épaule et en lui disant : « C'est bien, mon ami, je » suis content de toi ; continue. »

L'audience terminée, le sieur Margollé, qui n'avait jamais vu le 1ᵉʳ Consul, lui dit en s'adressant à lui-même : « Mon- » sieur, voudriez-vous me faire voir le 1ᵉʳ Consul ? — Regarde-

---

(1) Archives de la ville.
(2) Thiers. *Histoire du Consulat et de l'Empire*, tome IV, page 408. — Bertrand, tome 1ᵉʳ, page 353.

» moi bien, dit Bonaparte, c'est moi. » Margollé, interdit, n'ose proférer aucune parole. Bonaparte ajoute avec bonté en lui glissant quelques pièces d'or dans la main : « Voilà pour boire
» à ma santé. Dis à ton commissaire que je t'accorde un congé
» de trois mois avec gratification » (1).

Le soir le 1er Consul donna un dîner aux officiers supérieurs, au maire et au curé.

Le lendemain matin il passa la revue des troupes rangées en bataille sur le rivage, entra dans sa baraque dont la construction n'était pas encore terminée. Il y écrivit au consul Cambacérès, cette lettre, le 1er janvier 1804 :

« Je suis arrivé hier matin à Étaples, d'où je vous écris
» dans ma baraque. Il fait un vent sud-ouest affreux. Ce
» pays ressemble assez au pays d'Éole... Je monte à cheval
» à l'instant pour me rendre à Boulogne par l'estran (2).

Le port d'Étaples contenait le premier corps de la flottille qui devait embarquer l'aile gauche de l'armée, formant le camp de Montreuil, commandé par le général Ney (3).

Cette flottille était composée de bâtiments dont suit la désignation :-

1° Les canonnières, gréées en bricks, tirant de cinq à six pieds d'eau, montées par 22 marins, armées de trois canons de 24 et d'un obusier de six à huit pouces.

2° Les bateaux plats, gréés en lougres, tirant de quatre pouces un quart à quatre pouces et demi d'eau, montés par six marins, armés d'un canon de 24, d'un obusier ou d'une pièce de campagne. Leur cale était disposée pour recevoir deux chevaux.

3° Les péniches, gréées en lougres, tirant trois pieds et demi d'eau, montées par cinq marins, armées d'un obusier de six pouces et d'un canon de 4. Quelques-unes avaient des obusiers prussiens ou un mortier de huit pouces.

4° Les caïques, ayant les proportions des chaloupes de

---

(1) Tradition authentique.
(2) Thiers. *Histoire du Consulat et de l'Empire*, tome IV, page 491.
(3) Bertrand. *Histoire de Boulogne*, tome Ier, page 399.

vaisseaux de ligne, étaient armés d'un canon de 24.

5° Les bombardes, gréées en sloops ou en bricks, une infinité de bâtiments de transport de diverses espèces et des paquebots très élégants pour les états-majors. Chacun de ces navires était monté par quatre ou dix marins, selon qu'il jaugeait de 30 à 120 tonneaux.

Cette flottille était amarrée sur les deux rives de la Canche, depuis la baraque du 1er Consul jusqu'à Hilbert, dans l'ordre suivant :

RIVE DROITE.

En face de la baraque du 1er Consul.

20 canonnières.
35 bateaux plats.

Au Pont d'Amarrage.

Le bâtiment du général Ney.

En face de la Ville.

30 bateaux plats.
1 bâtiment servant de prison.
120 péniches.

En face du Château en ruines.

30 caïques.

Vers Hilbert.

Divers bateaux de transport et les poudrières.

RIVE GAUCHE.

40 bateaux plats.
50 péniches.
Une division de canonnières.
Une compagnie du 59me de ligne baraquée à Trépied.
Les deux rives étaient garnies de corps de garde.

DÉSIGNATION DES CAMPS (1).

1° Camp du Puits d'Amour.

6e régiment d'infanterie légère, colonel *Laplane*.

(1) Archives de la ville.

69e régiment d'infanterie de ligne, colonel *Brun*.

2° Camp des Moulins.

76e régiment d'infanterie de ligne, colonel *Goré*.

3° Camp du moulin des Cronquelets.

39e régiment de ligne, colonel *Maucune*.

4° Camp de Camiers.

59e régiment d'infanterie de ligne, colonel *Lacuée, Gérard*.
96e   id.   id.   id.   id.   *N****
9e   id.   id.   légère id.   *Meunier*.

5° Camp de Fromessent.

44e régiment de ligne, colonel *Saudeur*.
63e   id.   id.   id.   *Lacuée*.
50e   id.   id.   id.   *Lamartinière*.
25e régiment d'infanterie légère, colonel *Godinot*.
Une division de gendarmerie pour la police des camps.
Hôpital des galleux.

6° Camp de Saint-Josse.

27e régiment de ligne, colonel *Chanotet*.

SAPEURS-MINEURS.

1re et 8e compagnie du 5e bataillon, commandant *Collignon*.

PONTONNIERS.

6e compagnie du 1er bataillon.

OUVRIERS MILITAIRES.

1re compagnie.

CAVALERIE.

Un bataillon du train d'artillerie était baraqué dans les fossés du château d'Étaples. Les 1er, 2e et 3e escadrons du 10e régiment de chasseurs, les 1er et 2e escadrons du 13e régiment de dragons étaient en cantonnement.

BATTERIES DE LA BAIE.

La batterie de Lornel était desservie par la 2e compagnie d'artillerie légère.

On avait construit en ce lieu des forges à boulets rouges,

une baraque pour les officiers supérieurs des rondes, et des écuries pour les chevaux des ordonnances.

La batterie de Camiers était desservie par la 6e compagnie d'artillerie à pied et par une compagnie de canonniers gardes-côtes.

La batterie de la Passe était desservie par les mêmes troupes.

La batterie du Touquet était desservie par de l'artillerie légère, baraquée dans les dunes.

ÉTAT-MAJOR DE LA DIVISION (1).

OFFICIERS GÉNÉRAUX.	AIDES-DE-CAMP.
Ney, général de division, commandant en chef.	Passinges, colonel. Bechet, chef d'escadron. Grandemange, capitaine. Vogt, sous-lieutenant.
Dupont, général de division.	Deconchy, chef de bataillon. Morin, chef d'escadron. Dupin, lieutenant.
Partouneaux, général de division.	Pigeard, chef de bataillon. Rey, capitaine. Garnier, lieutenant.
Loison, général de division.	Coisel, capitaine. Mithau. N*
Tilly, général de division.	Ruelle-Lamotte, chef d'escadron. N* N*
Dutaillis, général de brigade, chef d'état-major.	Talbot, lieutenant. N*
Villatte, général de brigade.	Hautz, capitaine. Challier, lieutenant.
Charlot, général de brigade.	N* N*

(1) *État Militaire de la République Française*, an XII, p. 79.

— 20 —

Roguet, général de brigade. { Lebrun, capitaine. / Beaudin, lieutenant.
Marcognet, général de brigade. { Delom, capitaine. / N*
Marchand, général de brigade. { Marchand, capitaine. / N*
Rouyer, général de brigade. { Debaine, capitaine. / Henrion, capitaine.
Duprés, général de brigade. { N* / N*

ADJUDANTS-COMMANDANTS (1).

Mallerot.	Stabenrath.	Liger-Belair.
Hamelinaye.	Duhamel.	Lefol.

OFFICIERS DE GENDARMERIE (2).

Jameron, chef d'escadron.
Jeannin, lieutenant.
Grandchamp-Leclerc, idem.

Flambart, sous-lieutenant-quartier-maître.

ÉTAT-MAJOR DE LA PLACE (3).

Meunier-Sainclair, chef de bataillon de la 6ᵉ demi-brigade d'infanterie légère, commandant la place d'Étaples.

GÉNIE (4).

Cazals, colonel.
Garbé, } chefs de bataillons.
Bouvier,
Desclos, }
Lafarelle, } capitaines char-
Waringhem }

Bourdhors, } gés des constructions navales.
Errard,
Perroy,
Patris, } lieutenants.
Chausenque,

ARTILLERIE (5).

Chasnet, lieutenant-colonel.

(1 et 2) *État Militaire de la République Française*, an XII, p. 80 et 82.
(3) Archives de la ville.
(4) *Almanach national de France*, an XII. — Archives de la ville.
(5) Archives de la ville.

LABENETTE, capitaine, chef du service de l'artillerie de la flottille.
COURSAT, garde-magasin.

INSPECTEURS AUX REVUES (1).

MONARD, inspecteur.
DAUTEL, sous-inspecteur de 1re classe.

DROLENVAUX, sous-inspecteur de 2e classe.
MALUS, fils, idem.

COMMISSAIRE-ORDONNATEUR EN CHEF (2).

Le général MARCHAND.

COMMISSAIRES DES GUERRES (3)

chargés des subsistances, équipages militaires, approvisionnements, police des hôpitaux et du quartier-général, etc.

CAYROL. | BONDURAND. | DUVAL. | ISAMBERT.

COMMISSAIRES-ADJOINTS (4).

LOMBART fils. | DAUDRY. | JOINVILLE.

FLOTTILLE (5).

Le contre-amiral COURRAND, commandant la gauche.
Le général COMBIS, commandant la droite et la flottille des transports.

ADMINISTRATION DE LA MARINE (6).

LIOT, sous-commissaire de marine.
CHATEL, TRÉBOUT, employés.

WADOUX (Charles), syndic.
HAGNIÉRÉ (Nicolas),
CALOIN (Pierre), pilotes.
CALOIN (Nicolas), pilote cotier.

Le 1er prairial an XII (21 mai 1804), une salve de 200 coups de canons annonça la promulgation du sénatus-consulte du 28 floréal an XII (18 mai 1804) qui décernait la couronne impériale à Napoléon Bonaparte. Cette nouvelle

---

(1. 2. 3. 4.) *Almanach national de France*, an XII.
(5) Henri. *Essai historique sur l'arrondissement de Boulogne*, p. 347.
(6) Archives de la ville.

fut reçue avec enthousiasme. On célébra cet évènement par une fête splendide dans une pâture du Puits d'Amour, où se réunirent les troupes de terre et de mer. Ce lieu, transformé en jardin public, reçut le nom de *Café de l'Empereur*, qu'il conserve encore de nos jours.

Le 24 thermidor, an XII (12 août 1804), les officiers-généraux, les colonels d'état-major et des régiments de ligne, les inspecteurs aux revues et l'ordonnateur en chef du camp de Montreuil donnèrent un bal à madame la maréchale Ney.

La lettre d'invitation était signée par MM. Partouneaux, général de division, Monard, inspecteur aux revues, Villatte, général de brigade, Marchand, ordonnateur en chef et Maucune, colonel (1).

Le 26 thermidor, an XII (14 août 1804), les troupes des camps d'Étaples se rendirent aux camps de Boulogne pour assister le lendemain à la distribution des croix de la Légion d'honneur. Les troupes du camp de Boulogne traitèrent par analogie d'armes toutes les troupes venues des environs, et les légionnaires assistèrent à des banquets donnés par le prince Joseph, les ministres de la guerre et de la marine, le maréchal Soult et l'amiral Bruix (2).

Le 3 prairial an XIII (23 mai 1805), on célébra joyeusement l'avènement de l'Empereur au trône d'Italie.

Le 5 thermidor an XIII (24 juillet 1805) et les jours suivants on fit de grands préparatifs pour l'embarquement général. Le 16 (4 août), Napoléon, Empereur et Roi d'Italie, passa la revue des troupes sur le rivage.

Le 3 fructidor an XIII (21 août 1805) on procéda au simulacre de l'embarquement, qui fut exécuté en une heure et demie.

Quelques jours après, cette brillante armée reçut l'ordre de se porter sur les bords du Rhin.

La flottille fut désarmée, les camps furent levés. On n'y laissa que les compagnies de dépôt. Le commandement en

---

(1) Cette pièce fait partie de ma collection d'autographes.
(2) Bertrand. *Histoire de Boulogne*, tome 1er, page 280.

fut donné au général Martillière.

Les troupes quittèrent gaîment leurs camps en chantant ces couplets devenus assez rares.

Air : du Pas redoublé.

Le tambour bat, il faut partir ;
   Ailleurs on nous appelle.
Oui, de lauriers il va s'ouvrir
   Une moisson nouvelle.
Si là-bas ils sont assez fous
   Pour troubler l'Allemagne,
Tant pis pour eux, tant mieux pour nous,
   Allons vite en campagne.

Là, par ses exploits éclatants
   On connaît notre armée ;
C'est là qu'elle est depuis longtemps
   A vaincre accoutumée ;
C'est là que nos braves guerriers
   Vont triompher d'emblée ;
C'est là que pour nous les lauriers
   Sont en coupe réglés.

Il faut quitter ce camp charmant,
   De bons enfants l'asile,
Dont nous avions fait si gaîment
   Une petite ville.
Si des murs, malgré tous nos soins,
   La forme est peu correcte,
Nous n'avons pas été du moins
   Trompés par l'architecte.

Adieu, mon cher petit jardin,
   Ma baraque jolie,
Toi que j'ai planté de ma main,
   Et toi que j'ai bâtie ;
Puisqu'il faut prendre mon mousquet
   Et laisser ma chaumière,
Je m'en vais planter le piquet
   Par de là la frontière.

Adieu poules, pigeons, lapins,
   Et ma chatte gentille,
Autour de moi tous les matins

Rassemblés en famille ;
Toi, mon chien, ne me quittes pas :
Compagnon de ma gloire,
Partout tu dois suivre mes pas :
Ton nom est : *La Victoire.*

Adieu, péniches, plats bateaux
Prâmes et canonnières,
Qui deviez porter sur les eaux
Nos vaillants militaires.
Vous, ne soyez pas si contents,
Messieurs de la Tamise :
Seulement pour quelques instants
La partie est remise.

Le dernier couplet était une variante pour chaque localité particulière :

Nous aurons souvenir de vous,
Étaploises jolies ;
Mais pour le retour jurez-nous
D'être encor nos amies.
Nous songerons à vos appas,
Malgré qu'ça lui déplaise :
Une Allemande ne fait pas
Oublier la Française.

FIN.

Montreuil. — Imprimerie de DUVAL-BARBET.

www.ingramcontent.com/pod-product-compliance
Lightning Source LLC
Chambersburg PA
CBHW060929050426
42453CB00010B/1915